দুঃখের পাশে বসে

বিবেক বাউলিয়া

Dukkher Pashe Bose

A Collection of Bengali Poems

By Bibek Bawlia

প্রকাশকাল- মে, ২০২২

গ্রন্থস্বত্ব- লেখক

প্রচ্ছদ- শুভজিৎ রায়

প্রকাশক- নেট ফড়িং

সর্বস্বত্ব সংরক্ষিত- নেট ফড়িং

বিষয়বস্তু

উৎসর্গ

কবি জীবনানন্দ দাশ

ভূমিকা

বিভিন্ন পত্রিকায় প্রকাশিত ও কিছু অপ্রকাশিত কবিতা থেকে কয়েকটি কবিতা সংগ্রহ করে মোট কুড়িটা কবিতা একত্রিত করে আমার প্রথম কাব্যগ্রন্থ "দুঃখের পাশে বসে" প্রকাশ করা হল। কবিতা লিখতে লিখতে পত্রিকায় প্রকাশ করে প্রকাশ্যে আসার কথা কখনো ভাবিনি। লেখালিখি শুরুর আগে থেকে শুধু কবি, সাহিত্যিকদের লেখা পড়ে এসেছি। তাঁদের মতো বড়ো কবি হওয়ার কথা কখনো ভাবিনি। প্রথম দিকে যারা আমার পত্রিকার সন্ধান করে দিয়ে বাকি কবি সাহিত্যিকদের দলে নাম লিখিয়ে দিয়েছে তাদের অশেষ ধন্যবাদ। কাব্যগ্রন্থ লেখা একটা বৃহৎ ব্যাপার। কিন্তু কবিতা লিখতে লিখতে সুবর্ণ সুযোগ পেয়ে প্রথম একক কাব্যগ্রন্থ রূপে প্রকাশ করতে পেরে একটা স্বপ্ন পূরণ করতে পেরেছি।

-বিবেক বাউলিয়া

১. আবর্তন

দুঃখ পাওয়া ভালো
অতি যত্নে পুষে রেখে সেও মরে যাবে মৃত্যুর সাথে
চিতায় পুড়বে।
দুঃখ পাওয়া ভালো
যে বা যারা দিচ্ছে, তাদের থেকে বেশি করে চেয়ে নেওয়া
যায়
আড়ালে থেকে শুধু দেখো একটিবার
দুঃখ দিয়ে সে নিজে কতটা অনুতপ্ত।
ঘুরে ঘুরে ফিরে আসে তারও কাছে ব্যথা বেদনা
ক্রমশ চক্রাকারে আবর্তিত।

2. দহন

পুরানো জিনিসের ডাই পোড়াতে গিয়ে
আগুনের পাশে দাঁড়ালে মনে হয় — জলজ্যান্ত একটা মানুষ
কিভাবে গায়ে আগুন ধরিয়ে পুড়তে থাকে!
ভিতরে তার আর একটা মানুষ পুড়ছে
বোকার মতো শরীরে সে আগুন লাগায় অথচ সে জানে না
আত্মার গায়ে কখনো আগুন লাগে না।
শুধু শরীর পোড়ে।
তার ভিতরের ঈশ্বর পুড়ছে, পুড়ছে মনের মানুষও
তাদের কে বাঁচানোর দরকার, অথচ তার কোনো ক্ষক্ষেপ
নেই।
এখন সে আগুন নিয়ে খেলায় মত্ত — এতেই তার প্রশান্তি,
মুক্তি এবং আরও, আরও সব কিছু।
শৈশব স্মৃতি, অব্যক্ত কথার মতো আরও জিনিস কখনো পুড়তে
পারে না।
যে আগুনে পোড়ায় সে জানে না দহন জ্বালা
জ্বালায় পড়ে পুড়তে থাকে সেই মানুষটাই যার পোড়ার কথা
ছিল না।

৩. দূরত্ব

মানুষের থেকে মানুষ দূরে চলে যায়
অথচ ভালোবাসা বেঁচে থাকে দুজনের ক্রোমোজোমে
কত কিছু কুড়িয়ে জমা করি।
হারিয়ে ফেলি, আবার কুড়াতে থাকি
এক জন্ম ধরে কেবল দুজন দুজনকে খুঁজি
একই আকাশের নিচে, সেই সবুজ ঘাসের বুকে
তবু দেখেও না দেখে জন্মান্ধ সেজে ঘুরি।
দুজনের বুকে কিউমুলোনিম্বাস মেঘ এসে জমে
তারপর বৃষ্টির জলের মতো ঝরে পড়ে
আদতে দূরত্ব বলে কিছুই হয় না
সে শুধু শব্দ মাত্র
তবুও ক্রমশ দূরত্ব বাড়ে !

4. জীবন যেরকম

কোমল ও কড়ি সুরের মাঝে কোনো সুর নেই
কখনো বাঁচার মানে মনে হয় দুই সুরের মাঝখান দিয়ে চলার
মতো।
কড়ি সুরের মতো বাঁচা যেন কখনো কখনো তীব্র,কর্কশ।
কোমল সুর?
ওই সুরে এত সহজে জীবন চলে না।
অথচ জীবনের একটা সুর,তাল,লয় আছে
তবে সেটা কোন সুরে?

5. কিছুক্ষণ

এই তো কিছুক্ষণ, আসা যাওয়ার মাঝে যতটুকু থাকা, চাওয়া পাওয়া, ভালোবাসা ঘৃণা

সৈকতে দাঁড়িয়ে ঢেউয়ের জন্য অপেক্ষা করা— দুপা ভিজিয়ে আবার ফিরে যাওয়া।

ওইটুকু জলে পা ভিজবে বলে অপেক্ষা করা

যে আসে সে কয়েক মূহুর্ত আসে, থাকে, আবার চলে যায়।

থাকা দরকার আরও কিছুক্ষণ তবুও সেই চলে যাওয়া

আত্মীয়তা যতই থাকুক অতিথি কতক্ষণ থাকে? তাকেও যেতে হয় — ঘর বাড়ি নিজের মানুষরা আছে।

কেউ থাকে না।

থাকার বলতে শুধু একটা মানুষই থাকে — আজীবন, সমস্ত জীবন...

৬. রিফু

যতবার ছিঁড়ে যাবে ততবারই রিফু করে দেবে
শুধু জামা নয়, আহত শরীরে ক্ষত জায়গায়
নিরাময় করে তুলবে।
রিফু করা জামায় কোনো লজ্জা নেই
কেউ অন্তত ছেঁড়া ফুটো কে তো ঢেকে দিয়েছে
ভালোবাসা যেন বেরিয়ে না যায় হৃদয় থেকে, নজর রেখো
সেখানেও রিফু করে দিও যদি ছিঁড়ে যায় অবহেলায়!

7. জলতরঙ্গ

নির্জনতায় বসলে বুকে কান না রেখেও শোনা যায়
কিছু একটা বয়ে চলছে — রক্তের স্রোত!
না, যে শিশু টা বড়ো হতে হতে এতকাল ধরে যা শুনেছে,
যা সয়ে এসেছে তাকে একত্রিত করে বেজে উঠেছে সুখ দুঃখের
সিম্ফনি।
যৌবন, এরপর বাকি আছে কেবল বার্ধক্য, তারপর...
মধ্য বয়সে উপনীত হয়ে নদী অথবা সমুদ্রের তীরে এসে
দাঁড়ালে মনে হয় — এবারে ঠিকঠাক জলতরঙ্গ বয়ে যাচ্ছে
সমস্ত শরীর জুড়ে।
এলোমেলো সুর একত্রিত হয়েছে
এবার গাইবার পালা
সমুদ্র তরঙ্গ আজ থেকে নিশ্চুপ — কারণ এখন থেকে ওই
শিশুর গাইবার সময় এসে গেছে।
আজ সে মধ্য বয়সে বসে আছে — শুধু সৈকত নয় অন্তত
নক্ষত্রপুঞ্জের নিচে।

৪. দুঃখের পাশে বসে

জলের উপর জল লেখা সহজ
সারাজীবন এক দুঃখ কে পুষে রেখে চলা আরও কঠিন।
দুঃখ পেলে মানুষ গান গায়, কবিতা লেখে, গুটিয়ে রাখে
আমি বরং দুঃখের পাশে এসে বসি, তার গল্প শুনি
চেষ্টা করি তার কাঁধ থেকে মানুষ কে নামানোর
মানুষ দুঃখ কেও কষ্ট দেয়
তাকেও ভিখারি বানায়
দুঃখেরও তো অবহেলায় থাকার কথা না
অথচ মানুষ তাকে সস্তায় বিক্রি করে আরেক মানুষের কাছে।

৯. কথোপকথন

মানুষের ভেতর আর একটা মানুষ থাকে
কথা হয় তার সাথে, মনে হয় তাকে
আজন্মকাল বাঁচিয়ে রাখতে।
জীর্ণ বাড়ির দেওয়াল অথবা কার্নিশ থেকে যেভাবে পলেস্তারা
খসে খসে পড়ে, একটা সময় মানুষও ঝরে পড়তে থাকে ক্রমশ
মৃত্যুর দিকে এগিয়ে যাওয়ার সময় অথবা নিঃসঙ্গ হলে
বাউলের কোনো দুঃখ নেই – তার একতারা আছে
তাতে সুর আছে, জীবনের কথা কে সে গাইতে থাকে
আমাদের একতারা নেই, সুরও নেই
কিন্তু অনেক কথা আছে
যে কথা শুধু বলা যায় ভেতরে থাকা তার সাথে।

10. বাঁচার মানে

শুঁয়োপোকা কি জানে বাঁচার মানে?
সেও তো একদিন প্রজাপতি হবে
এক ফুল থেকে আরেক ফুলে উড়ে বেড়াবে
এটাই তো তার বাঁচার মানে!

11. ঘরবাড়ি

নিজেদের ঘরবাড়ি বলে কিছু নেই
শুধু মাথা গোঁজার ঠাই টুকু তৈরি করি
ভিটে মাটি ছেড়ে চলে গেলে বাড়ি আমার না, আমিও বাড়ির
না।
যতদিন বেঁচে থাকা ততদিন তুমি আমি যেখানেই থাকি ফিরে
এসে বিশ্রাম নেওয়া।
এই ঘরেই লক্ষ্মীর প্রবেশ। লক্ষ্মীর পূজো।
কখনো সন্ধ্যায় ধুনো জ্বালিয়ে সুগন্ধি ধোঁয়ায় ধূমায়িত এ ঘর
থেকে ও ঘর
গৃহপ্রবেশ থেকে নতুন মানুষের প্রবেশ।
কত ছবি ফুটে ওঠে আমাদের এই ঘরবাড়ি জুড়ে
অথচ এ বাড়ি কারোর না।

12. যে হাত দিয়ে

যে হাত দিয়ে এত লাশ পুড়িয়েছি
বিদায় জানিয়েছি...
সেই হাত কী কখনো কোনো কিছু কে ছুঁতে পারার যোগ্য
হতে পারে?
কিংবা কাউকে দুহাত ভরে কাছে টেনে নিয়ে আসার?
একজন্ম ধরে মানুষ হাতে হাত রেখে চলতে চায়
হাতের তো কখনো মরণ হয় না!
অথচ ছুঁতে না পারার কারণে কত দুরত্ব বাড়ে।

১৩. উপেক্ষা

এতটাও সহজ নয় উপেক্ষা করা
আমাকে সহজ, আমিও কে নয়
যতদূরেই যাই না কেন
না থাকার পরেও অনুরণিত হতে থাকবে।
যেখানেই যাও, সেই তো আবার ফিরে আসা
যেভাবে অন্ধকারের ভয়ে হৃদয় কে মুঠো করে
বাসার অভিমুখে ফিরে আসে পাখি
ক্ষত বিক্ষত হওয়ার পরেও যেটুকু মাথা গোঁজার ঠাঁই
তাকে সম্বল করেই বেঁচে থাকা
সে যেমনই হোক
এতটাও উপেক্ষা করা সহজ নয়।

14. চৌকাঠ

দু'জন মানুষ
একজনের চৌকাঠ পেরিয়ে প্রবেশ
অপর জনের বিদায় নেওয়ার পালা
ভিতরে অনেক আনন্দ
বাইরে হতাশা।

১৫. কাচ ভাঙার শব্দ

এখন আর ভালো লাগে না
কাচ ভাঙার শব্দ শুনতে
কতবার ভেঙেছি কত কাচ।
ভাঙা কাচের টুকরোগুলো কুড়াতে গিয়ে
হাত কেটে রক্তের বদলে বেরিয়ে এসেছে
হৃদয় নিংড়ানো জমে থাকা হাজার হাজার নিঃশব্দ যন্ত্রণা।
এখন আর ভালো লাগে না
সেই কাচ ভাঙার শব্দ শুনতে।
একসময় আয়নার কাচও মিথ্যে বলেছিলো
আমার প্রতিবিম্বের পাশে তার প্রতিচ্ছবি না থাকার কারণে।
তাই সে কাচও ভেঙে ফেলেছি।
তাই এখন আর ভালো লাগে না
কাচ ভাঙার শব্দ শুনতে।
একটি কাচ শেষবার ভেঙেছিলাম
সে কাচ ছিল স্বচ্ছ, নিষ্কলঙ্ক আর অমায়িক।
তাকে আজও জোড়া লাগানো গেল না
শুধু দক্ষিণ দিকে অসহায়ভাবে পড়ে আছে
কবে তাকে কুড়িয়ে জোড়া লাগাবো বলে।

16. নদীর কাছে

শেষ বিকেলে নদীর কাছে যাওয়া
দুঃখ পেলে অথবা অকারণে
চোখের জলের ভাষা শুধু নদীই বোঝে
নোনা অশ্রু জল ও নদী
এই তো এক সম্পর্ক দুজনের
নিঃশব্দে নদী যেভাবে প্রবাহিত হতে থাকে
চোখের জলও তেমন...
জোয়ার আসে, আবার ভাটা।
ভালোবাসা আসে জোয়ারের মতো
আবার ছেড়ে গেলে ভাটা।

17. আগন্তুক

কেউ তো অন্তত বলুক বুকের ওপর মাথা রেখে
হৃৎস্পন্দনের শব্দ কেমন।
জরাগ্রস্ত শরীরে ফুসফুসের ভিতর কতটা কফ
জমে আছে তা বুঝুক।
বুকের দিকে তাকিয়ে বলুক পাঁজরের হাঁড়
গোনা যায় কিনা।
আলিঙ্গন না করেই যেন অনুভব করে শরীরের
উষ্ণতা কতটুকু।
চোখের ওপর চোখ রেখে বলুক –
তুমি তো ভালো নেই।

18. বটগাছ

কয়েকশো বছর ধরে এভাবে দাঁড়িয়ে আছি
তোমাকে আগলে রেখেছি – ছায়া দিয়েছি, শীতলতা দিয়েছি,
সেই ছায়ার কোলে তোমাকে ঘুম পাড়িয়েছি
বৃষ্টি তে ভিজেছি, রোদে পুড়েছি
তোমার গায়ে না জল, না রোদ কিছুই লাগতে দিইনি
এত কিছুর পরেও প্রতিদান চাইনি
তবুও তো জড়িয়ে ধরে একবার বলতে পারো
ভালোবাসি...

১৯. কান্না

এমন কিছু কিছু কান্না আছে যা
মিশে থাকে রক্ত আর ঘামের সাথে।
বুক ফাটা কান্না পাহাড়ের কোলে বিলীন হয়ে যায়
অথচ তারা শুনতে পায় না।
সমুদ্রের কিনারে দাঁড়িয়ে মিলে যায় নীল জলে
অথচ তারা শুনতে পায় না।
মুষল ধারে বৃষ্টিও কখনো কখনো শরীর ভেজার সাথে
চোখের জলের সাথে গড়িয়ে পড়ে
অথচ কেউ দুটো কে আলাদা করতে পারে না।
উপেক্ষা করার পর যে কান্না বেরোয়
তা প্রায়ই মরীচিকা হয়ে যায়।

20. এভাবে চলে যেতে নেই

এভাবে চলে যেতে নেই পাখির মতো করে।
কিছু স্মৃতি রেখে যেতে হয় তার ফেলে যাওয়া পালকের মতো করে।
সবাই তো ছেড়ে চলে যায় একটা সময় পরে।
আমি শুধু পারি না কারণ আমি আমার কাছে দায়বদ্ধ বলে।

লেখক পরিচিতি

লেখক পরিচিতি– বিবেক বাউলিয়া। জন্ম ১৯শে সেপ্টেম্বর ২০০০, উত্তর চব্বিশ পরগণা জেলার বসিরহাটে। বসিরহাট এন.সি.এম শিক্ষা নিকেতন থেকে উচ্চ মাধ্যমিক পাশ করার পর বসিরহাট কলেজ থেকে এডুকেশন নিয়ে পড়াশুনা করে বর্তমানে স্নাতকোত্তরে পাঠরত। বিভিন্ন পত্রিকায় কবিতা লেখার পাশাপাশি গল্প, প্রবন্ধ ও গান লেখাও হয়। নিজস্ব কাব্য ভাবনা ছাড়াও জীবনানন্দ দাশের কাব্য ভাবনার অনুসন্ধানী। সাহিত্য চর্চার সাথে মূলত অস্তিত্ববাদী দর্শন চিন্তা ধারায় বিশ্বাসী ও চিন্তক।

লেখক- বিবেক বাউলিয়া

ফড়িং কথা

অনলাইন ও অফলাইন ম্যাগাজিনের পাশাপাশি নব উদ্যমে শুরু হল নেট ফড়িং সম্পাদিত একক বই এর কাজ। এই আঙ্গিকে প্রকাশিত হল একক কাব্যগ্রন্থ 'দুঃখের পাশে বসে'। লেখক নেট ফড়িং এর অন্যতম কলম সৈনিক বিবেক বাউলিয়া। নেট ফড়িং এর ওপর বইটি সম্পাদনা ও প্রকাশ করার গুরুভার অর্পণ করার জন্য অসংখ্য ধন্যবাদ লেখক-কে। আশা রাখছি পাঠকরাও একইভাবে বইটিকে ভালোবেসে আপন করে নেবেন। শুভেচ্ছা ও অভিনন্দন জানাই প্রিয় লেখক বিবেক বাউলিয়া-কে। আপনার লেখনী সমৃদ্ধ করুক বাংলা সাহিত্য-কে।

-টিম নেট ফড়িং

একক বই এর নেপথ্যে-

আপনার একক বই এর জন্য লেখার পাণ্ডুলিপি পাঠান বাংলাতে টাইপ করে বা ডক ফরম্যাটে Whats App বা Mail এ। পাণ্ডুলিপির

সাথে লেখকের নাম-ঠিকানা, ফোন নম্বর ও মেইল আইডি থাকা আবশ্যিক। পাণ্ডুলিপি মনোনীত হলে মেইল এর উত্তর পাবেন। বিস্তারিত জানতে যোগাযোগ করুন।

Whats App- 7501403002

Mail Id- netphoring@gmail.com

নেট ফড়িং এর প্রতিটি সংখ্যা পড়তে ক্লিক করুন নেট ফড়িং এর ওয়েবসাইট www.netphoring.com এ। নেট ফড়িং এর ব্লগে লেখা পোস্ট করতে মেইল করুন netphoring@gmail.com এ। লেখার ওপর উল্লেখ করুন নেট ফড়িং ব্লগ।

পাঠকের মতামত নেপথ্যে-

কি করে জানাবেন আপনার মতামত, কেমন লাগছে নেট ফড়িং এর অনলাইন ও অফলাইন সংখ্যা? কেমন লাগছে নেট ফড়িং সম্পাদিত বইগুলো? আপনার মতামত জানিয়ে মেইল করুন আমাদের netphoring@gmail.com এ সম্পাদকীয় প্রসঙ্গে মতামত জানাতে মেইল করুন sealbikram9@gmail.com এ। হোয়াটস আপ করতে পারেন ৭৫০১৪০৩০০২ এই নম্বর এ। আপনাদের মতামতই আমাদের চলার পথের অনুপ্রেরণা।

আমাদের ফেসবুক পেজ এর লিঙ্ক https://facebook.com/netphoring

আমাদের ওয়েবসাইটের লিঙ্ক https://www.netphoring.com/